umland verlag

Kathrin Schmidt

ENTSCHLÜSSE

Rede vom 4. Juni 2024 in der Akademie der Künste Berlin
zum hundertsten Todestag von Franz Kafka

Vorwort

Sprache. Das Geschlagensein mit Sprache. Kathrin Schmidt hat das erfahren, wie man das eben erfahren mag. Vielleicht in ungläubiger Freude, vielleicht in ebenso ungläubigem Leid.

Zum Praktischen: Natürlich können Literaturschulen besucht werden, wo einem der Bau eines Sonetts beigebracht wird. Heißt das dann aber auch, dass eine auch wirklich ein Sonett schreiben kann? Eines, das um seine Herkunft weiß und das nicht dort bei den Vorfahren verweilt, sondern, wie im 2020er Band *sommerschaums ernte*, hier bei uns ist?

> „Es naht das Finstre in Septembers Gangart.
> Das Gleis am Haus schiebt hin und wieder Züge
> mit Mensch und Kohle durch die Arbeitslüge.
>
> Insekten fliegen durch die offnen Fenster.
> Im Lichtscheinschmeichel wedeln die Gespenster
> mit Dunkelheit, von flachem Wind verlautbart."

Nein, heißt es nicht, da muss mehr sein. Etwas, das

herantritt und durch eine wie eben Kathrin Schmidt hindurchgeht und hinaus in die Welt. Da sehen wir dann das Werk einer Schriftstellerin. Lesen und hören und schmecken die satten Sätze einer *Gunnar-Lennefsen-Expedition*. Vielleicht ahnen wir dann, wie das sein mag, das Geschlagensein mit Sprache. Wie das sein mag, danach zu dürsten. Nach einer „Sprache, die Milch und Zucker wie Hauen und Stechen sein will".

Das kann verlorengehen von jetzt auf nachher. Wir können gefällt werden, einfach so, blitzschnell. Und blitzschnell wird uns dabei, zum Beispiel, die Sprache genommen. Krankheiten können das. Wie davon genesen? Wie Heilung erlangen? Im Schreiben eines Buches, möglicherweise. *Du stirbst nicht* heißt das im Jahr 2009 bei Kathrin Schmidt.

Sprache. Das Geschlagensein der Sprache. Kathrin Schmidt hat auch das erfahren, wie man das eben erfahren mag, und spricht darüber anlässlich des hundertsten Todestages von Franz Kafka, indem sie dafür dessen Prosatext *Entschlüsse*, der 1912 im damals in Leipzig ansässigen Ernst Rowohlt Verlag erschien, zu Rate zieht. Im selben Jahr wurde in Leipzig die Deutsche Bücherei gegründet, um sämtliche in deutscher Sprache erscheinenden Publikationen zu sammeln. Sprache! Literatur! – Sprung:

Alljährlich findet nun in Leipzig ein Literaturbetriebsspektakel statt, das sich als Buchmesse tarnt, an Ständen, auf Podien und vor Mikrofonen jedoch nur allzuoft mit Neusprech handelt und die neuesten Eingriffe in die Sprache feilbietet. Das aber ist Teil einer Gegenwart, in der manch ein Ideologiegetriebener versucht, Sprache und Sprechen machtgeschützt zurechtzustutzen. Kathrin Schmidt schreibt davon in ihrem Text hier, den sie ebenfalls *Entschlüsse* nennt. Sie lässt uns hören, was die allenthalben zu vernehmende „infantile Zunge" wirklich sagt. Sie nennt auch den Preis, den wir zu zahlen haben, wenn wir uns gegen das Vernommene wehren: „Ein Programm des Belauerns läuft allezeit da, wo Angst anfängt und nimmermehr endet."

Doch das fundamental Erschütternde, an dem Kathrin Schmidt uns in ihrem Text teilhaben lässt, ist, dass die Umstände, die nicht nur – laut Büchner – außer uns liegen, sondern die, gewollt, gezielt, über uns gebracht werden, ihr Vermögen angreifen. Ihr Vermögen ist, dass sie in den Wald der Wörter gehen kann und mit Worten zurückkehrt – oder ganzen Welten. Ihr Text ist nicht nur eine Klage über das verlorengegangene Vermögen, weil sie auch zeigt, wer ihr dieses Vermögen nimmt. Was von Eichendorff mitten in jenem ‚langen Jahrhundert' der Europäer zumindest noch in Aussicht gestellt wurde, „… und die Welt hebt an zu singen,/triffst du nur das Zauberwort", das war einmal. Denn, so Kathrin Schmidt: „Nichts will gelingen, was sich dem öffentlichen Duktus des Sprechens entgegen stellt."

Unausgesprochen stellt ihr Text auch die Frage, wie das Gravitationsfeld des ‚Aktuellen' zu vermeiden sei, denn was unter Kunst oder Literatur verbucht werden kann, das liegt außerhalb dessen. Also: Wie wegkommen von dem Aktuellen, dem Gegenwärtigen, um schließlich auch etwas über das Gegenwärtige sagen zu können? (Und das allein aber gar nicht wert ist, dass man sich zu lange damit beschäftigt, möchte einer da, möchte ich da hinzufügen.)

„Unsichtbarkeit" – schreibt Kathrin Schmidt hier.

Auch die wurde während der letzten Jahre in der offiziellen und machtnahen (Literatur)Welt ja verhängt. Über alle, die sich „dem öffentlichen Duktus des Sprechens“ entgegenstellen. „Die langen, geflügelten Sätze liegen in letzten Zügen. Wird keiner warten auf das, was ich sage … Wird mich keiner mehr brauchen, der in mich hinein liest statt aus mir heraus.“ Aber könnte das nicht einen Versuch wert sein, nun dort in dieser Unsichtbarkeit und im nutzlosen Dienst den Wald der Wörter zu betreten? Der ist freilich eine Welt für sich, ein anderes Land, ein kleineres Land. Abwendung als Hinwendung? Ein möglicher Weg?

Mit ihren *Entschlüssen* legt Kathrin Schmidt die Karten auf den Tisch. Viele werden darüber hinweggehen. Ein paar werden es sehen, wovon sie hier schreibt.

Jörg Bernig
Mai 2025

ENTSCHLÜSSE

– Franz Kafka –

AUS EINEM ELENDEN ZUSTAND SICH ZU ERHEBEN, MUSS SELBST MIT GEWOLLTER ENERGIE LEICHT SEIN. ICH REISSE MICH VOM SESSEL LOS, UMLAUFE DEN TISCH, MACHE KOPF UND HALS BEWEGLICH, BRINGE FEUER IN DIE AUGEN, SPANNE DIE MUSKELN UM SIE HERUM. ARBEITE JEDEM GEFÜHL ENTGEGEN, BEGRÜSSE A. STÜRMISCH, WENN ER JETZT KOMMEN WIRD, DULDE B. FREUNDLICH IN MEINEM ZIMMER, ZIEHE BEI C. ALLES, WAS GESAGT WIRD, TROTZ SCHMERZ UND MÜHE MIT LANGEN ZÜGEN IN MICH HINEIN.

ABER SELBST WENN ES SO GEHT, WIRD MIT JEDEM FEHLER, DER NICHT AUSBLEIBEN KANN, DAS GANZE, DAS LEICHTE UND DAS SCHWERE, STOCKEN, UND ICH WERDE MICH

IM KREISE ZURÜCKDREHEN MÜSSEN. DESHALB BLEIBT DOCH DER BESTE RAT, ALLES HINZUNEHMEN, ALS SCHWERE MASSE SICH VERHALTEN, UND FÜHLE MAN SICH SELBST FORTGEBLASEN, KEINEN UNNÖTIGEN SCHRITT SICH ABLOCKEN LASSEN, DEN ANDEREN MIT TIERBLICK ANSCHAUN, KEINE REUE FÜHLEN, KURZ, DAS, WAS VOM LEBEN ALS GESPENST NOCH ÜBRIG IST, MIT EIGENER HAND NIEDERDRÜCKEN, DAS HEISST, DIE LETZTE GRABMÄSSIGE RUHE NOCH VERMEHREN UND NICHTS AUSSER IHR MEHR BESTEHEN LASSEN.

EINE CHARAKTERISTISCHE BEWEGUNG EINES SOLCHEN ZUSTANDES IST DAS HINFAHREN DES KLEINEN FINGERS ÜBER DIE AUGENBRAUEN.

(Franz Kafka, Erzählungen, Philipp Reclam jun. Leipzig, 1985, S. 11)

Ein Prüfling – ENTSCHLÜSSE erwartend

AUS der geflochtenen Zankapfelhorde ein Früchtchen zu essen, einen Blässling in Gelbgrün, dem Blut fehlt, fällt mir im Winter nicht ein. Ich habe nichts mehr? Das ist keine Frage mit erblichem Anspruch auf Antwort. Und wenn ich auf EINEM Ausrufezeichen bestünde? Es wär nicht die Wahrheit! Ich habe zumindest noch ELENDEN Hunger nach Worten. Sie klemmen seit einigen Jahren sehr tief im Hirnkasten fest und wollen nicht raus. Keine Chance. Mein ZUSTAND macht sprachlos, nur mich!, denn niemand vermisst, was ich schweige. Wie schön das doch ist, denke ich, SICH zurückzunehmen, das Stocken zum Dauerzustand zu machen. Ich stehe dann abends schwankend auf meinem Balkon und stiere ins Dunkel, wissend, dass Kommata, die einander verfolgen, ohne Worte verbleichen. Die Kommasprache ist flüchtig wie eben das Eis, das im Steigen der Temperatur einfach vertropft. Ins Grübeln gerat ich, hab mir ZU nichts verholfen, das mich ERHEBEN könnte aus Zweifeln. Wie langsam das Blut fließt. Wie langsam das Herz schlägt , künstlich elektrisch getriggert. Das MUSS ich mir doch nicht SELBST aus dem

Brustkasten reißen. Wo käm ich denn hin.

Bin ich ein Prüfling, eine Prüflingin gar? Deren MIT Kommaflecken gemusterte Jacke zu eng ist, zu weit, zu lang oder zu kurz? Man prüft mich, ich weiß. Dazu braucht es nicht Paranoia noch Größenwahn. Ich trage die Sonnenbrille trotz allem höchstens am Steuer des Wagens, der blau vor dem Haus hockt. Manchen Abend fahr ich ein Stückchen davon, kehre um und bin wieder da, wo Fuchs und Hase einander „Gute Nacht!" sagen. Am Arm des urbanen Gewölles, der fest im Speckgürtel steckt. Wie ich selbst. Dabei sehne ich mich schon so lange nach Vorpommerns Weite, die beispielsweise in der Winzlingsstadt Tribsees gerinnt, schließlich stockt. Ich sehne mich nach dem Himmel über dem Grenztalmoor, beim Atmen die Meeresluft ahnend. Es ist ein GEWOLLTER Vergleich, wenn ich die Augen schließe und mich anstelle der Altfrau mit Kopftuch an einem der Tribseeser Stadtfenster sehe, die Straße hinauf blicke zum Stein- und wieder hinunter zum Mühlentor. Für die kurze Strecke braucht man nicht einmal zehn Minuten zu Fuß. Vor einhundert Jahren hätte ich die Langeheerstraße hinauflaufen und nicht ahnen wollen, dass sie heute „Karl Marx" heißt. Es braucht ENERGIE, sich den

Lebensortwechsel auszumalen. Wäre es LEICHT, sich von Büchern und Hausrat, die eine kinderreiche Zeit begleiteten, im Alter endlich zu trennen und in einem der geduckten Stadthäuser in eine geduckte Existenz hinüberzugehen? In der niemand mich wahrnimmt? Aus der ich nicht Laut gebe bis zum Ende? Ist es schon alternativlos, in beispiellos rotem Köper des toten Körpers zu harren? Womöglich soll das so SEIN. ICH bin, wie ein jeder, im Sterben begriffen, seit ich geboren wurde. Im Bewussten hatte das lang keinen Platz. Jetzt wird es mir klar, dabei bin ich womöglich noch Jahre entfernt vom eigenen Tod, auf dessen Schippe ich ein-, zweimal saß, aber abspringen konnte. Und so REISSE man jeden Morgen ein Blatt vom Kalender, der mit Sinnsprüchen lockt. Sagt meine Mutter. Und liest: „Ich bin nicht da! Bin mich suchen gegangen. Wenn ich wieder da bin, bevor ich zurückkomme, sagt mir, ich soll auf MICH warten."

Das habe ich nun davon. Meiner Mutter tränen die Augen über dem lachend aufgerissenen Mund, und ich weiß nicht, warum. Es ist doch kein Witz, dass ich mich so oft suchen muss unter den Nachrichtenbergen, VOM Morgen bis zum Abend bin ich dabei, mich stückchenweise aus dem Kriegsschutt zusammenzuklauben, der über mich herfällt. Ich meide den SESSEL vor dem Fernsehgerät, rot und lockend steht er im Raum, Wohl verheißend für Rücken und Nacken. Aber ich weiß, dass der Kopf schmerzen wird, sobald ich den Knopf drücke. Auch er ist rot wie der Sessel. Gestern habe ich noch dazu ein rotes Tuch über den Bildschirm gehängt. Nun auf in den Kampf, na LOS! Aber wofür , wogegen denn kämpfen, wenn schon die Worte im bloßen Aussprechen ihre Bedeutungen wechseln wie knittrige Hemdchen …

Vor kurzem noch galt es als „gruppenbezogene Menschenfeindlichkeit", manch einer nannte es gar „faschistisch", einer Gruppe von Menschen mit körperlicher Andersartigkeit den Zutritt zu gewohnten Lebensorten zu verwehren. Auf einmal nennt man es „solidarisch", sich gegen sie zu verbünden. Vor kurzem noch wurde im Wahlkampf versprochen, keine Waffen in Kriegsgebiete zu liefern. Heute soll das Liefern von Waffen seltsamen Frieden schaffen. Einen, den nicht nur ich mir nicht vorstellen kann, weil er erst dann eintreten wird, wenn niemand mehr übrig ist, der diese Waffen überhaupt bedienen kann. Wer braucht ihn dann noch? Und wird von Freiheit gesprochen, solcher der Rede oder solcher der Meinung, so steht sie natürlich bedroht, doch stets in anderen Ländern oder Regionen der Welt. Nicht bei uns, Gott bewahre. Wenn ich die aufgestellten Näpfe mit Fett, die Schüsseln mit heißem Brei UMLAUFE, muss ich so sehr darauf achten, in keinen hineinzutreten, dass für die freie Rede gar keine Zeit bleibt. Ein Programm des Belauerns läuft allezeit da, wo Angst anfängt und nimmermehr endet.

Vor vierunddreißig Jahren saß ich in dieser Stadt um DEN Runden TISCH und erfuhr, wie es sich anfühlt, ohne Angst und im vollen Bewusstsein des Eigenen mit drastisch anders Denkenden zu verhandeln, wohin es laufen könnte im Land. Jene, die nicht wussten, wo der Hahn gekräht hatte, zitterten merklich. Ihre Angst war mir unangenehm. Ich mag das nicht falsch erinnern, doch ist mir so, dass wir wirklich verhandeln wollten und einander in die Augen sahen dabei. Augenhöhe ist das Prinzip allen Ausverhandelns, zumindest bis zu dessen Ende. Dann kann es sein, dass dem einen, der anderen nichts bleibt, als Konsequenzen tragen zu lernen. Das schmerzt, das tut weh. Das Ausverhandeln endete vor vierunddreißig Jahren nicht mit solchem Ergebnis, sondern brach ab, als Block- zu vermeintlichen Schwesterparteien und mit Wahlen belohnt wurden, die ein Verhandeln erübrigten. Schon war es gelaufen mit uns Neulingen an der Politikfront. Damals nahm ich das hin, als MACHE es keinen Unterschied, KOPF UND HALS zu eigenen oder fremden Zwecken FREI UND BEWEGLICH zu halten. Ob das ein Fehler war, hat sich mir nie gezeigt. Es gehörte zum Leben, das ich mit Kümmern und Kindern zuzubringen hatte wie alle anderen auch. „Ja, wir leben heute im besten Deutschland, das es jemals gegeben hat“, sagte das Staatsoberhaupt am 3. Oktober 2020, des 30. Jahrestages der Deutschen Einheit gedenkend. Dabei sind nicht nur die Schienen kaputt, auf denen Züge Menschen und Güter zu transportieren haben im Land. Schulen und Brücken zerbröseln, überall fehlen Lehrer, fehlt medizinisches Personal, und wenn ich durch Berlin haste, werde ich pro Bahnfahrt im Durchschnitt dreimal gebeten, doch bitte Kleingeld zu geben oder etwas zu essen. Wohnungen werden knapper als knapp, und dann unbezahlbar.

Der Staat scheut sich nicht, mit mindestens zwei

Zungen zu sprechen. Die infantile verschanzt Gesetze hinter Namen wie Gute-KiTa-Gesetz, Gesundes-Herz-Gesetz, Wachstumschancengesetz, Demokratiefördergesetz oder Chancen-Aufenthaltsrecht. Die Wortbastionen im Rücken des Infantilen dagegen werden schier uneinnehmbar durch bürokratischen Zungenschlag. Der infantilen Zunge ist es ein Wumms, Milliarden für ein Entlastungs- und Konjunkturprogramm in Aussicht zu stellen. Die bürokratische hat aber längst Milliarden für geradezu unaussprechliche Dinge wie Testregimes und Maskendeals, vor allem für vermeintliche Impfungen (deren Nutzen bestenfalls begrenzt ist, während die Schäden unübersehbar werden) einfach versenkt. Der infantilen Zunge ist es ein Doppel-Wumms gar, uns die Energiekosten recht und schlecht für eine Weile zu deckeln, nachdem der Staat selbst uns von russischem Gas abzuschneiden gedachte und dafür teures verflüssigtes, zum Beispiel per Schiff, ins Land holt. Darunter auch solches, das Drittländer von Russland erwerben und an uns weiterverkaufen, freilich zu deutlich höheren Preisen. Die infantile Zunge sagt „Zeitenwende" und meint damit, uns kriegstüchtig machen zu müssen. Über die Wehrpflicht hinaus. Mit einer untilgbaren

Staatswaffenverschuldung, die wir den Kindern aufhalsen, während wir ihnen womöglich die Väter nehmen, die Mütter gar. Wie BRINGE ich das zusammen? Wir tanzen mit Kafka ums FEUER, gespannt, ob jemand den richtigen Namen für das, was gerade geschieht, finden wird. Kafka, der Prager Franz, dessen verbeamtete Sprache Jegliches ohne Erstaunen registrierte als zunächst unhinterfragbaren Fakt. Der gleichzeitig seinen Texten Knöpfe einnähte, mit denen man die Sätze, so man will, öffnen kann und plötzlich im Archaischen steht …

Ich bin IN die Jahre gekommen, in denen nun nicht mehr gilt, was jahrzehntelang wörtliche Übereinkunft schien. DIE AUGEN schmerzen selbst dann noch, wenn sie, längst schon zur Nacht geschlossen, im dunklen Raum auf das Nichts warten. Dabei wird das Nichts voller Träume sein, die keine Augen brauchen, um Bilder zu werden. Ich SPANNE schlafend den inneren Bildschirm auf, der in Vorfreude glüht – und verglüht, wenn der Morgen anheimelnd droht mit Amseln und Meisen. Ihr Keckern, ihr Tschilpen, wie lange ist das schon so?, haben die Träume längst fortgerissen, ehe sie im Bewusstsein ihr Plätzchen ergattern könnten. Ich lasse DIE MUSKELN spielen, ehe ich immer wieder aufstehe und so tue, als bringe der Tag Neues. Die heutige Zeitung. Die frischen Brötchen. Das gewaschene Kleid. Die Besuche der Enkel. Die neugeborenen Kinder der Nachbarschaft. Das Leben verschliert sich als sämiger Alltag. Noch weiß ich, wo mir der Kopf steht, wohin er sich dreht. Ich kann den äußeren Tönen die Lautstärken nehmen mit der eigenen Stimme. Die schwillt dann UM SIE HERUM mächtig an und macht, dass sie aufgeben. So schön kann das sein, dass mein innerer Wilhelm den Kaiser gibt und ich mit geschwollener Brust auf einmal ganz stille am Postkasten stehe. Das Blatt herausnehme, die Briefe, und dann wieder leise zu murmeln beginne: Nimm Dich zusammen! ARBEITE an JEDEM Stück Stoff, dessen Kettfäden auf Deine Schussfäden warten! Nimm Farben, verschiedene Materialien, Natur, Soziales und deren Interferenzen! Führ Dein GEFÜHL und die Fakten in den wenigen Stecknadelpunkten zusammen, in denen die Vagheit alles Bestehenden ahnbar wird! So wie früher … Und merke sofort: Mit Handwerk will das nicht gehen. Mit Handwerk entstehen stilsicher Stichproben, die als vereinzelte Fragen nicht zum Zusammenhang kommen. Und leider so weiter. Und leider so fort … Nein, nichts will gelingen, was sich dem öffentlichen Duktus des Sprechens ENT-GEGEN stellt.

Aufgewachsen in einer Stadt voller Puppenfabriken , kletterte ich eines Kindheitssommers, es war ein sehr warmer Tag, auf betrieblichen Müllhalden herum und sammelte Beine, Arme, Köpfe, Körper. Kam nicht nur mit prallen Beuteln, sondern auch mit Krätze, wie ich später bemerken sollte, nach Hause. Dort kippte ich alles aus auf den großen Tisch der Veranda und setzte zusammen, was oft nicht zusammengehörte. Mein Puppenvolk war ein versehrtes, mit unterschiedlich langen Gliedmaßen, zu prallen oder zu schmalen Körpern, zu großen oder zu kleinen Köpfen. Mein Vater tat, als BEGRÜSSE er die neuen Gefährten mit zartem Verständnis. Die Mutter hingegen wollte den Schimpf gegen die Schande wenden, die sie voraussah, sollte zum Beispiel A. bemerken, dass sie ihrer Tochter nicht einmal ordentliche Puppen kaufte, und überhaupt: Der Dreck! Der Gestank! Sofort und STÜRMISCH wollte sie den Trupp loswerden, ihn einfach vom Tisch in den Eimer fegen. Mein Vater jedoch, WENN ER JETZT und an dieser Stelle hineinschritt in einen Scheinkampf, sah KOMMEN, was kommen würde: mein Schreien. Und WIRD schon gewusst haben, wie er's verhindert. Er fasste die Hand seiner Frau und sagte sehr ruhig, er DULDE es nicht. Wenn sie glaube, dass A. schlecht von ihr denke, so erinnere er an B., die doch genau Bescheid wisse, was sie für eine gute Mutter sei, immer FREUNDLICH gestimmt, IN guten wie schlechten Zeiten. Zu MEINEM Glück trug er das Puppenrudel hinauf in mein ZIMMER. Geschafft. Ich wollte ihm noch um den Hals fallen, als er fast schon fort war. Er sah den Tag wohl gerade dem Abend entkommen, den er nicht mochte. So saß ich allein mit meiner versehrten Heerschar.

Was ZIEHE ich ihnen an?
Die Frage stand früher im Raum als das Essen zum Abend, und ich begann, eines meiner Sommerkleider zu zerschneiden, die Stücke neu zusammenzusetzen zu sehr kleinen Hosen und Jacken. Nadel und Faden halfen, sie fertigzustellen, als meine Mutter heraufkam.
Bist du BEI Sinnen?

Der Schrei gellt noch heute in meinem Ohr. A. rief sie an zum Zeugen, dann B. und nun auch noch C., ihnen zu zeigen, was ich angestellt hatte: das schöne Kleid einfach zerschnitten, verhunzt ihre ganze Arbeit daran, und sie wand sich, als litte sie Schmerzen. Schnell nahm sie ALLES, WAS ich getan hatte, zum Anlass, mich loswerden zu wollen. Ins Kinderheim!, schrie sie, zur Tante!, meinetwegen zu B., in Gottes Namen! Ich wurde fest, konnte mich nicht mehr bewegen, so sehr auch meine Mutter an mir zerrte und zog. Was sie GESAGT hatte, nahm mir den Atem und WIRD bis heute immer wieder hörbar, wenn ich an sie denke. Nur tu ich's mit Abstand und muss TROTZ allem nicht aufhören, sie zu lieben. Verrechne ich ihren SCHMERZ mit meiner Freude an eben diesem Sommerkleid, kann es sein, dass beide gleich groß sind UND einander aufheben. Es macht mir längst keine MÜHE mehr, das so zu denken, und MIT jedem Mal, da ich's tue, wird mir leichter ums Herz. Was ich aber ausspreche, gerät immer kürzer. Die LANGEN, geflügelten Sätze liegen in letzten ZÜGEN. Wird keiner warten auf das, was ich sage. Wird keiner IN meinem Zimmer sitzen, mir die eben beschriebenen Seiten zu entreißen. Wird MICH keiner mehr brauchen, der in mich HINEIN liest statt aus mir heraus.

ABER was sagten die Puppen zur eigenen Zukunft? Solange ich Kinder hatte, lebten sie fort.

Mir SELBST war's unmöglich, sie zu entsorgen, und auch die Töchter begannen nach Jahren, sie heimlich zu lieben. Ich wusch, WENN ES dran war, das Haar der Mädchen. Sie tropften Shampoo ins Kunsthaar der Plastikköpfe, machten es nach. Ich kämmte die Kinder sorgsam, ihr Haar war SO anders als meines. Sie vollzogen die Handlungen bedächtig nach an den synthetischen Bärbeln. Das zog sich so hin.

Was aus dem Leim ging, war Zeit, die immer weniger wurde für mich und dafür praller denn je von diesem und jenem. Was GEHT und was nicht? Diese Frage wägt sich allein im Taumel von Lebensjahren und Mobilität, und was den Kalender stopft, muss geprüft sein auf seine Erfüllbarkeit. Trotzdem ist's ja nicht Endlichkeit, die mir den Mund verschließt und die Sprache gedrosselt hält. Eine Sprache, die Milch und Zucker wie Hauen und Stechen sein will, deren Geister aber längst geschieden sind. Der die vermeintliche Wirklichkeit Milch und Zucker wie verwerfliches Hauen und Stechen auszutreiben gedenkt. Die niemanden beleidigen darf, auch den nicht, der sie nicht kennt. Die nur milden Verlauf goutiert, nicht den schwereren Fall. Was WIRD mit all den Verletzungen, die sich unablässig ereignen, deren sprachliche Äquivalente aber abseits des Sagbaren steh'n? Soll ich womöglich MIT JEDEM Wortschritt den Grat des Erlaubten verlassen? Ein Opfer kann Täter sein, ein Täter ein Opfer. Ich habe, und das ist kein FEHLER, in Gegensätzen zu denken gelernt. Ich halte was aus. Moralische Urteile über Sprachfiguren sind mir unmöglich. Ich gendere nicht. Was wird, wenn Bedingungen greifen, DER Tisch tatsächlich zur Tischin, der Stuhl zur Stuhlin gerät? Als das kürzlich geschah, unter Kindern einer von mir aus weit westlichen Schule, blies man das Experiment schließlich ab, mit dem man zu bilden versuchte. Was hätte Kafka getan in solch einem Fall? Ich denke, er hätte sich dieser Art Sprechens verpflichtet gefühlt. Einem ungeheuren Ungeziefer die Larve vom Kopfe zu reißen ... Was NICHT AUSBLEIBEN KANN, ist, DAS apodiktische GANZE zu suchen. Hinter der Sprache versteckt, wittert es seine Chance.

Ich habe DAS LEICHTE verloren, das mir beim Schreiben so lieb war UND DAS SCHWERE erst möglich machte. Mit leichter Hand den schweren Kopf einfach lüften, ihn leerblasen und ruhen lassen. Er füllt sich dann rasch von selbst. Ist aber die Hand schwer, fehlt's im Kopf, die Finger STOCKEN, UND dieses Erlebnis alltäglich werden zu sehen, hat nicht überrascht. Ob ICH sie wieder frei und beweglich über die Tastatur hinfliegen lassen kann, ist mir nicht klar. Ob ich bestehen WERDE? Und ob der Stuhl MICH am Tisch bleiben lässt, die Zeit mich IM Zimmer, statt mich im KREISE herumzuwirbeln? Ich kann sie ja nicht ZURÜCKDREHEN, werde sie laufen lassen MÜSSEN. DESHALB kommt unerwartete Neugier auf. Sie IST DOCH DER BESTE RAT, wenn es gilt, nicht einfach ALLES HINZUNEHMEN, was droht.

Ich hab meine Röcke behalten, die langen und sehr weiten Kleider, den Schaffellmantel fürn Winter, ich kaufe nichts mehr, was neu und verlockend aus digitalen Schaufenstern schreit. Es gibt kein Gesetz, dass das Tragen alternder Schuhe verbietet, selbst wenn's das Konsumklima drückt. Wenn ich ALS alte Schratin durch Straßen und Gassen schlurfe, bin ich mir sicher, das SCHWERE Gewicht nicht vom Rücken zu kriegen, das selbigen einknicken lässt. Die Neugier zeigt sich im Deuten, wer von den Menschen, die mich so sehen, eher zur MASSE, zur Mehrheit gehört, und wer nicht. Das ist ein Spiel, das ich spiele, weil mir nichts anderes bleibt. Wer SICH zeigt, ist bemüht, sich so oder so zu VERHALTEN, UND kommt eins zum anderen, FÜHLE ich Lust auf Rückzug, gehe nach Haus. Ist MAN SICH SELBST nicht der Nächste? Sind nicht im Rückzug längst FORTGEBLASEN der Mut und die Einsicht? Hab ich die Tür dann geschlossen, will ich tatsächlich KEINEN UNNÖTIGEN SCHRITT mehr tun, werfe den Rucksack ab und lasse mich fallen. Im roten Sessel, vor mir das rote Tuch überm Bildschirm. Links liegen gelassen die ferne Bedienung mit rotem Knopf. Man macht es SICH leicht, drückt den ebenso roten Knopf der Kaffeemaschine und wartet. Man will sich nicht ABLOCKEN LASSEN, das schwarze Getränk zu genießen, DEN Zucker rieseln zu sehen, die Milch zu verrühren. Was ich mit ANDEREN teile, ist das Vergnügen, noch im Alleinsein …

Was aber ums Herz herum lagert, bleibt unsichtbar: die zerschnittenen Freundschaftsbänder, die abgewickelten Verhältnisse, das Fehlen des führenden Armes beim Tanz oder das Stockbrot vergangener Feuer. Die brennen schon lange nicht mehr, und neue entstehen nur leis, MIT Verdruckstheit. Sehr langsam sammelt sich drum, wer es warm will. Manch einer prüft mit scheuem TIERBLICK die Situation, nimmt dann Teig aus der Schüssel und wickelt ihn um den Knüppel. Keiner will niemanden ANSCHAUN, und doch ist da Vorsicht, gilt Obacht, bis man sich sachte öffnet. Nur KEINE Eile, die REUE für früheren Leichtsinn schmeckt bitter, und FÜHLEN scheint besser als laissez faire zu sein. Wir richten uns ein. Ich mit lahmendem Bein, meine Nachbarn mit Flügeln und Vogelknochen, KURZ, jeder, wie es ihm passt. Bis uns DAS, WAS uns eint, ganz bunt wird im Schein der Sonne. Bis VOM LEBEN nichts bleibt, was uns fremd ist.

Wieder allein aber, ist mir, ALS sähe ich ein GESPENST im Spiegel. Eines mit Bart, wo kein Bart ist. Eines mit Speichelfäden, in denen, ehe sie reißen, die Sonne glitzert. Was habe ich NOCH für Möglichkeiten, mir zu entkommen? Wenn ein Mensch ÜBRIG IST, geht die Hoffnung kapores, macht Platz für den Leerlauf. (Mein innerer Motor grummelt ein bisschen, aufraffen wird er sich nicht.) Ich bin ja zufrieden MIT meinen taumelnden Scheuerlappen, ausgewrungen von EIGENER HAND. Mit den kleiner werdenden Brötchen, den klammen Tagen der Rente. Man wird mich nicht NIEDERDRÜCKEN, DAS HEISST, ich habe den Ausgang gefunden, in Unsichtbarkeit. Da fühl ich mich wohl, solange ich still sein möchte. Wenn das aufhört, und ich beginne zu sprechen, bemerke ich Abscheu. Man nennt meine Einrede „Käse“ und „Quark“ in den Zeitungen, sagt entweder, dass man ihm keine Bühne zu geben bereit sein dürfe, oder, dass ich natürlich sagen könne, was ich nur wolle, aber ich müsse dann eben auch mit dem Widerspruch rechnen. Das mache ich gern, gebe jedoch zu bedenken, dass zunächst ich es gewesen bin, die einen Widerspruch äußerte zu den großen Erzählungen. Dass ich es doch bin, DIE ihn eingelegt hat, und eigentlich jene Seite, der ich meines entgegensetzte, dieses zur Kenntnis nehmen sollte.

Wir spielen verkehrte Welt? Wir bliesen die LETZTE Polka? Mag sein, doch steht GRABMÄSSIGE RUHE jetzt womöglich nicht an. Wer NOCH ein einziges Wort kennt, sollte es sagen. Ob Zu- oder Einspruch, muss unerheblich bleiben im Streit der Versehrten, als die wir uns auffassen sollten. Versehrt von oben, von unten, von links und von rechts. Auch Franz Kafka fühlte sich fremd und versehrt im hierarchischen Kosmos der Autoritäten, sein Schreiben setzte er der vielzüngigen Gewalt entgegen. Macht kann sich nicht VERMEHREN ohne Menschen, die sie ihr zugestehen. Die sie ihr aber, UND da liegt der Hase im Pfeffer einer gesteuerten „Demokratie“, nicht einfach absprechen werden. Wer hat schon gelernt, der Propaganda der Macht den Wind aus den medialen Segeln zu nehmen? Ich weiß NICHTS mehr zu sagen AUSSER der großen Widerrede, IHR habe ich mich verschrieben. Anderes will nicht MEHR kommen, mich gut BESTEHEN zu LASSEN. Dass ich womöglich irre? Natürlich, das preise ich ein. EINE Wahrheit kommt schließlich selten allein um die Ecke, zieht andere nach sich und balgt mit ihnen um die Wette. Bis CHARAKTERISTISCHE Zeichen aufsteigen: ein Duft, ein Geräusch, ein Licht, eine

Farbe in BEWEGUNG … Daran halt ich mich fest im Prüfen der Tatsachen, und wenn EINES Tages ein Luftschiff kommt, jene abzuholen, die irrten, werde ich entweder mitfliegen müssen oder eben nicht. Wer will das wissen. Eines SOLCHEN ZUSTANDES, dass mir die Wahl nicht mehr bleibt, bin ich mir zwar heute schon sicher, doch IST die Zukunft DAS Offene, blcibt zu hoffen.

Zum größtmöglichen Krieg wird es kein HINFAHREN geben. Er wird einfach da sein, DES letzten Atemzugs Eigner. Mit der Spitze des KLEINEN FINGERS dann langsam und umständlich ein letztes Mal ÜBER das Lippenrund fahren, den Nasenrücken hinauf, DIE Lider leicht drückend. Bis zu den AUGENBRAUEN, den grauen.

Foto: Dirk Skiba

Kathrin Schmidt wurde 1958 in Gotha geboren, arbeitete zunächst als Diplompsychologin, Redakteurin und Sozialwissenschaftlerin, bis sie 1982 ihren ersten Gedichtband und ab 1994 als freie Schriftstellerin Romane, Geschichten und Gedichte veröffentlichte.
In den 80er Jahren schloss sich die Wahlberlinerin der Oppositionsbewegung an und wurde von der Stasi als „feindlich negatives Element" beobachtet. Nach der demokratischen Revolution engagierte sie sich am Berliner Runden Tisch für eine reformierte DDR.
Für ihre literarischen Arbeiten erhielt die fünffache Mutter zahlreiche Preise, darunter 2009 den renommierten deutschen Buchpreis für ihren Roman »Du stirbst nicht«.

Wir danken der *Bürgergemeinschaft für gesundes und selbstbestimmtes Leben e. V.* (www.aconitumanimus.de) für die Finanzierung der 1. Auflage.

Kathrin Schmidt
Entschlüsse
Rede vom 4. Juni 2024 in der Akademie der Künste Berlin zum hundertsten Todestag von Franz Kafka

ISBN 978-3-9827367-2-3

1. Auflage 2025

Satz/Layout: Annett Lehmann
Umschlaggestaltung/Bildmotiv: Annett Lehmann
Druck, Bindung: books factory, Szczecin (Polen)